Reeduque seus filhos

Guia prático de intervenção alimentar

Orientações específicas para portadores do espectro autista

Poliane Novaes

As crianças comem o que elas são expostas com maior frequência. Dar poder de escolha ao seu filho não é demonstração de amor, mas ensiná-lo a escolher, sim!

A culpa sempre será dos pais, afinal, a criança não vai ao mercado sozinha comprar o que come e não nasce sabendo a diferença entre o bem e o mau. Não adie a reducação alimentar dos seus filhos. Não use a falta de tempo como motivo para procrastinar. Quem quer, faz! Quem não quer, arruma sempre uma desculpa.

SUMÁRIO

INTRODUÇÃO

No mundo atual, a falta tempo dos pais tem contribuido para o surgimento de uma geração de filhos mal educados em relação a alimentação. A educação alimentar infantil tem sido afetada não apenas pelas influências negativas externas, mas também pelo mau exemplo alimentar e falta de firmeza dos pais.

Está cada dia mais comum crianças com diabetes tipo 2, triglicerides e colesterol alto, esteatose hepática e muitas outras doenças que antigamente não fazia parte da estatastíca de doenças comuns em crianças.

Se você pai e mãe, não tem tempo de cuidar da alimentação do seu filho, que apenas saberá cuidar de si mesmo quando for adulto, precisa urgentemente rever suas prioridades, antes que seja tarde.

Dar poder de escolha ao seu filho não é demonstração de amor, mas ensiná-lo a escolher, sim. Você acha mesmo que seu filho já tem capacidade de saber o que é melhor para seu futuro? Tenho certeza que você pai e mãe não deixaria seu filho escolher beber bebida alcoólica aos 2 anos de idade, pois sabe que faz mal, porém deixa ele beber refrigerante e suco cheio de açúcar adicionado?

Talvez a reeducação precisa primeiro acontecer em você, para que então consiga reeducá-lo para não sofrer mais tarde quando a doença bater a porta. Doença não é merecimento, infelizmente a maioria é consequência. Se mão comemos, morremos, então o que comemos é muito importe, não deixa de ser nosso remédio. Nós decidimos qual remédio e dosagem colocar dentro do nosso corpo diariamente e no caso do seu filho, quem decide é você.

Seus filhos precisam de regras, de um exemplo a seguir. Criança come aquilo que ela é exposta com maior frequência.

De acordo Cruz (1997, p. 142) é muito importante seu filho ter horários estabelecidos para comer, dormir, acordar, assistir televisão, brincar e estudar. A ausência de regras e limites na educação do seu filho pode trazer problemas seríssimos no relacionamento entre vocês, além de fazê-los tornar futuros adultos com falhas em seu desenvolvimento pessoal e social (ESTER, 2008)

Chegou a hora de rever suas prioridades. Se você está lendo esse livro é porque você quer o bem dos seus filhos.

Este livro tem como objetivo orientar você mãe e pai como reeducar seu filho, de forma prática e objetiva, a fim de torná-lo um adulto com hábitos saudáveis, que não terá problemas com a alimentação e consequentemente, doenças.

Caso seu filho não aceite nenhuma das mudanças sugeridas nesse guia, talvez seja necessário juntamente com um profissional analizar se a peculiaridade alimentar dele não é devido a algum transtorno, como por exemplo o transtorno de espectro autista.

Hábitos alimentares na Infância

A introdução alimentar correta na infância está diretamente ligada ao desenvolvimento da criança. Os hábitos alimentares adquiridos podem ser levados para o resto da vida. A importância da criança crescer saudável vai além do fato dela não ser uma criança "doentinha". Ser saudável inclui seu desenvolvimento social, seu desempenho na escola, devido ao importante papel que os nutrientes representam nas habilidades cerebrais e físicas e pode também representar um dos principais fatores de prevenção de algumas doenças na fase adulta.

É surpreendente o número de crianças que tenho atendido nos últimos anos com problemas de saúde provindos da má alimentação. De quem é a culpa? Da criança que não tem como dirigir um carro e ir ao supermercado comprar sua própria comida ou sua, pai e mãe que inclui na regra alimentar do seu filho "junk food"?

Erros comuns no processo de educação alimentar

Para fazermos o que é certo, precisamos primeiramente identificar e eliminar o que é errado. Não adianta tomarmos vitaminas por aprendermos que fazem bem para saúde e ao mesmo tempo continuar tomando veneno.

Ceder a vontade da criança

Quando a criança não quer comer algo oferecido pelos pais, alguns e até arriscaria dizer a maioria, imediatamente oferecem algo em troca. Em 20 anos atuando casnei de ouvir: " É melhor comerem qualquer coisa do que não comer nada". Saiba que você está muito errado em pensar e agir dessa forma. A criança percebe com essa atitude que tem poder de escolha, que pode "barganhar" para ter o que deseja.

"Criança com fome come até formiga"! Frase dita por mim para meu sobrinho numa ocasião em que ele se recusou algo que eu ofereci, após falar que estava com fome. Era um pão de queijo saudável que ele nunca tinha experimentado e já havia julgado pela aparência que não gostava. Meu coração ficou apertado, mas meu objetivo foi ensinar que existe diferença entre fome e vontade de comer, que quando temos fome, comemos "qualquer coisa".

Duas horas após a recusa, ele comeu não apenas o que havia oferecido anteriormente, mas comeu também um biscoito levemente queimado que eu tinha feito no café da manhã e separado para dar para os passaros na rua, ou seja, a criança não vai ficar desnutrida e nem morrer de fome se você não der o que ela quer, você precisa insistir, ensinar! Na hora da fome, ela vai comer. Não é fácil ver seu filho chorar, não é mesmo? Mas saiba que existe algo chamado "extinto", fome dói e faz crianças como minha família ja presenciou na Namibia (África) se alimentam de lixo, disputarem restos de comida com urubus, por terem opção de escolha.

Se seu filho não quer tomar um remédio importante que vai salvar sua vida porque o sabor é ruim, o que você faz? Deixa de dar? Se ele escolhe tomar cerveja, detergente, você vai deixar? Então porque deixa ele escolher outras coisas que você sabe que fará mal a ele?

Fazer a criança "limpar o prato"

É claro que temos que ensinar nossos filhos sobre não desperdiçar comida, pois afinal infelizmente, temos crianças morrendo de fome em muitos países, mas forçar seu filho a comer tudo quando ele disser que está satisfeito, não é bom! E também cuidado para não desenvolver o hábito de comer o resto da comida dele, afinal, você pode acabar engordando. O ideal é que você consulte um profissional para saber a quantidade correta de alimento que deve compor o prato do seu filho, assim não colocará nem comida demais e nem de menos.

Ser incoerente

Comprar doces e porcarias para seu filho comer e viver brigando com ele por ele estar comendo "demais". é muita maldade com seu filho! Você como adulto muitas vezes não tem limite, abre a geladeira e come mais pudim do que deveria, come escondido de você mesmo, pois a tentação é grande, quem dirá uma criança! Sabe o que é para uma criança ter um vidro de nutela ao alcance todos os dias e ouvir: Chega, você já comeu uma colher hoje! Poxa vida! O famoso dito pupular "Tirar doce de criança" arremete algo bom ou maldoso? Maldoso, não é? Pois é isso que você faz quando enche sua casa de porcaria e briga com seu filho por ele estar comendo.

Tenha em casa o que ele pode e deve comer. Criança come aquilo que ela é exposta com maior frequência. Se seu filho estiver comendo demais mesmo as coisas saudáveis, leve-o ao nutricionista, pode ser que ele precise de uma intervenção específica!

Oferecer prêmios

Quando me formei em Nutrição, meu sobrinho Gianlucca tinha acabado de nascer! Acabei aplicando tudo o que aprendi na introdução alimentar dele, já que minha irmã trabalhava e deixava ele com a minha mãe, onde eu morava na época. Uma das intervenções que fiz, foi premiação. Mas não a que ouço tanto: " Se voce comer tudo te levo no Mc Donald's" ou " Se você comer tudo te dou chocolate". No caso do Gianlucca, quando ele experimentava algo novo ou comia o que ele precisava comer eu dava uma fruta como recompensa. Varias vezes aconteceu dele não ganhar e eu comer na frente dele porque eu havia realizado a tarefa a mim designada. Você deve estar pensando nesse momento que jamais isso surtiria efeito em seu filho não é mesmo? Mas a verdade é que a criança valoriará aquilo que você valoriza, porque ela não conhece nenhum alimento, você que está apresentando a ela.

Voltando a historia do meu sobrinho, atualmente com 20 anos de idade, minha irmã não dá conta de comprar fruta na casa dela. Há uns anos atrás na fase de adolescência dele, tive que conversar com ele, pois 1 dúzia de banana não durava 2 dias na casa da minha irmã, ou seja, desde pequeno, fruta simboliza algo bom, de muito valor. A base alimentar na infância é tudo!

Ser prático

Praticidade não combina muito com ser saudável. Infelizmente não temos muitas variedades de alimentos bons prontos no mercado. Para que a alimentação do seu filho seja atrativa e saborosa, você precisará se esforçar para fazer receitinhas diferentes.

Se a lancheira do seu filho tiver diariamente alimentos práticos, você corre o risco de ter que começar a frequentar a farmácia com a mesma frequência que frequenta o supermercado. Em meio a correria do dia a dia, dar conta de tudo não é fácil, mas é possivel, Quando queremos, fazemos! Quando não queremos, damos desculpas. Tempo não se tem, se cria. Organização é o segredo. Faça uma agenda, direcione seu tempo, Se tem tempo para olhar por 10 minutos stories no instagram, então tem 10 minutos pata misturar um bolo saudável e colocar para assar.

Introduzir sucos e refrigerantes á regra

Maldito hábito criado nos ultimos anos. Eu cresci comendo fruta e tomando água. Hoje, adultos e crianças não comem sem ter um copo de suco acompanhando. Habito que você pai e mãe faz seu filho desenvolver ao colocar suco na lancheira ao invez de apenas água.

Tudo bem usarmos o suco natural com muito cuidado como estratégia nutricional quando a criança não come nenhuma fruta ou legumes, até que a introdução seja feita, mas como hábito não. Digo com muito cuidado, pois os sucos naturais, perdem fibra, possuem o índice glicêmico alto. Como qualquer carboidrato sem fibra, o suco vai provocar pico insulinico, o que pode levar seu filho a ter resistencia insulíca e consequentemente diabete tipo 2.

Sim, mesmo os sucos naturais! Os industrializados então nem se fala! Já vi suco com 36g de açúcar a caixinha, com aproximadamente 200ml, imagine dentro da caixinha que você manda para seu filho na escola, 36 pacotinhos daqueles açúcares de 1g que tem nos restaurantes.

Tudo no nosso corpo acontece numa frequência. Hábito agente carrega para vida, imagine se meu sobrinho tomasse esses sucos diariamente, hoje, 20 anos depois o que isso poderia ter causado nele? Nosso problema é se esquecer que alimento é remédio e que a conta um dia chega.

Permitir assistir televisão durante as refeições

Não é novidade para você pai e mãe que a televisão tem influência no comportamento alimentar da criança. De acordo estudo feito por Coon KA et all, 2001 concluiu-se que crianças cujas famílias fazem ou permitem seus filhos fazerem suas refeições assistindo televisão, apresentaram um menor consumo de frutas, legumes e verduras e também um maior consumo de pizzas, salgadinhos e refrigerantes, comparadas a crianças que não assistiam televisão durante as refeições.

Um outro estudo realizado por Taras & Gage (1995), constatou que crianças que assistem televisão por em média 21 ou 22 horas por semana, em média 3 horas corresponderá às publicidades de alimentos. Infelizmente, 91% dos casos a publicidade se refere a alimentos com alto teor de gordura, açúcar e sal. De acordo Koplan JP (2005) existe correlação entre a seleção de alimentos de crianças de 3 a 8 anos e a publicidade desses alimentos veiculados pela televisão.

Não estabelecer rotina e horários

Se você permitir seu filho "beliscar" o tempo todo, na hora dele se sentar para comer uma refeição completa não estará com fome. Estabeleça horários para as refeições do seu filho, ele precisa entender a diferença entre fome e vontade de comer. A probabilidade dele querer provar algo novo que você ofereça estando com a barriga cheia é muito pequena. Além de que esse hábito de "beliscar" o tempo todo pode levar a obesidade, no caso de crianças com metabolismo lento por genética e também a transtornos alimentares.

Como começar a reeducação?

Reconhecimento

Reconhecer que a culpa é sua, que em algum momento você errou na educação alimentar dele e que a mudança não acontecerá da noite para o dia. Não será uma tarefa fácil, pode ser que você precise da ajuda de um psicólogo e nutricionista, caso você não tenha sucesso em nenhuma intervenção orientada nesse livro.

Corrigir erros identificados

Como descrito anteriormente, identificar erros já existentes e corrigí-los. Em geral as crianças escolhem os alimentos que que você oferece a ele com frequência desde seu desmame. Elas tendem a preferir os alimentos que estão disponíveis em casa e claro, aqueles que são "fáceis" de comer (Birch LL & Marlin, 1982). Por isso é importante ter em casa aquilo que é saudável, o que seu filho pode e deve comer.

Estudos mostram que as crianças tendem a preferir alimentos que lhes são familiares, logo, tendem a rejeitar os que são para elas estranhos (Birch LL, 1992).

Saiba pai e mãe, que seu filho está atento aos alimentos que gosta e mais atento ainda aos que ele recusa, exercendo poder sobre você durante as refeições. Birch LL (1992) afirma que a aceitação a novos alimentos aumenta por meio de repetidas exposições, crianças com até 2 anos de idade, a repetição deve ser entre 8-10 vezes, crianças entre 3 e 5 anos de idade, de 8 a 15 vezes, ou seja, você não deve desistir de oferecer o mesmo alimento só porque seu filho recusou uma vez ou fez cara feia! Seja criativo e ofereça de diversas outras formas o mesmo alimento recusado, várias e várias vezes.

Lista de preferências X Adaptações

É muito importante você fazer um diagnóstico, ver como realmente estão os hábitos alimentares do seu filho.

Escreva o que hoje seu filho come sem dificuldade, ou seja, sem você insistir para que ele coma. Se seu filho tem idade suficiente, sente com ele e pergunte a ele o que ele gosta muito.

As opções devem ser colocadas separadas entre alimentos fonte de carboidrato e alimentos fonte de proteína. O objetivo desse diagnóstico é começar a oferecer ao seu filho a princípio exatamente o que ele gosta de comer, porém de forma adaptada, mais saudável.

Tabela 1 – Exemplos: Preferência X Adaptações – Carboidrato

Alimento Listado	Adaptações - Substituições
Açúcar adicionado	Açúcar de maça ou faça um mix com açúcar mascavo ou de coco com fibra em pó (1 colher de sopa de fibra em pó para cada xícara de açúcar -- fibra para evitar pico insulínico) **crianças diabéticas converse com seu nutricionista
Suco Industrializado	Até mudança de oferecer apenas água, opte por polpa de frutas congeladas (bata com água e mix orientado -- Você pode congelar em garrafinhas, pingar limão para não escurecer.
Batata Frita	Batata orgânica com casca cortada em palito - Assar no forno ou airfrayer
Balas	Em dias de exceções - Não tenha em casa
Macarrão – Miojo	Opte por macarrão integral, cabelo de anjo costuma ser melhor aceito.

**** Receitas adaptadas disponíveis no final do livro ou**

no meu instagram @personaltrainer_nutricionista

Continuação...

Pães	Opte por bisnaguinha integral, pão de forma integral mais macios e pão caseiro
Salgados	Faça receitas adaptadas, empadinha, coxinha, etc. Compre Chips de milho que contenham fibra
Salgadinhos	Temos opções melhores nos mercados, limite a frequência (opções melhores = Até 5g de gordura a porção, mínimo 2g de fibra e sem corantes)
Achocolatado	Faça a misturinha (1/2 xícara de leite em pó + 1 xícara de cacau em pó +o quanto baste do mix de açúcar, se necessário) - Quando for fizer o achocolatado, faça uma pastinha com um pouco de água para diluir bem e adicione ao leite
Bolos e Doces	Faça receitas adaptadas Panquecas, waffles, bolos, muffing etc.
Bolacha recheada	Cookie caseiro

Tabela 2 – Exemplos: Preferência X Adaptações - Proteína

Preferência	Adaptações - Substituições
Leite com chocolate	Leite com a mistura de chocolate sugerida anteriormente
Nuggets	Faça receita adaptada – Você pode congelar pronto
Queijos	Cuidado com o excesso na dieta do seu filho. Queijos até 6g de gorduras totais por porção
Hambúrguer	Fazer caseiro
Presunto	Prefira queijos, patê de atum, de frango ou opte pelo presunto sem nitrato
Salsicha	Fazer caseira - as industrializadas, apenas em dias de excessões, não na regra alimentar

Tabela 3 – Faça a sua lista – Carboidrato

Preferência	Adaptações -Substituições

Tabela 4 – Faça sua lista – Proteína

Preferência	Adaptações -Substituições

Feito a lista, combine em todas as refeições pelo menos 1 alimento fonte de proteína e um alimento fonte de carboidrato adaptado para oferecer ao seu filho como snack.

Exemplo:

Combinação escolhida pelo seu filho: Bolacha recheada + Suco de fruta de caixinha + Bisnaguinha com presunto

Passar a oferecer: Cookie caseiro + 1 porção de fruta + àgua + Bisnaguinha integral com patê de atum.

Introdução de novos alimentos

Se seu filho não come legumes, frutas ou algum alimento importante para seu desenvolvimento, você precisa começar a incluir aos poucos na rotina alimentar dele, novos alimentos.

Uma vez por semana ou a cada 15 dias, leve seu filho ao mercado e peça para ele escolher alguma fruta, legumes ou verdura que ele nunca tenha experimentado, ou o que ele ache mais colorido, ou maior, ou mais diferente. Ao chegar em casa, faça 3 receitas diferentes com o que compraram. Para cada receita que ele provar, coloque na tabela (abaixo que deve estar na porta da geladeira) uma estrela (adesivo). Combine com ele que cada 10, 20 ou 30 estrelinhas, ele vai ganhar algo. Sim, você vai barganhar com ele, não se assuste com isso, melhor você fazer isso a outros fazerem láfora.

Escolha um prêmio que vá contribuir para formação dele, um brinquedo educativo, um passeio com a família, dinheiro para ele juntar e fazer sua própria aquisição de algo que ele queira, etc.

Não é ideal que o prêmio seja direito um junk food, mas se for necessário, se utilize dessa alternativa. Seu filho precisa de uma regra saudável, não são as excessões que deixa obeso ou doente, mas sim a regra, o que ele come todos os dias.

Vamos entender essa introdução. Se seu filho escolher uma berinjela, não ofereça a berinjela da forma que nem você comeria, cozida com sal por exemplo. Seu filho precisa associar o nome a um sabor gostoso. Você pode por exemplo bater um pedaço bem pequeno da berinjela num suco que ele goste (prefira polpa), mesmo não alterando o sabor, ele associará que no suco tem berinjela e ele provou e gostou, faça lasanha de berinjela, rale a berinjela e coloque no feijão.

Repare que nesse momento o importante é seu filho aceitar que gosta de berinjela, aceitar um alimento estranho que não foi oferecido a ele com frequência suficiente. A forma de comer a berinjela com o tempo vai mudando, pois, o paladar dele também mudará.

Vale ressaltar novamente que você não deve deixar de oferecer para seu filho o que ele não gostar durante essa introdução, no caso da berinjela, se ele não gostar de nenhuma das 3 formas que preparou, ofereça mais algumas várias vezes as mesmas preparações e novas receitas.

Quando seu filho rejeitar a comida que fez, fazendo vômito, chorando, não dê algo em troca, simplemete guarde para mais tarde e explique que quando ele quiser comer estará disponível. Pode ter certeza que ele não morrerá de fome. Em algum momento a fome o fará comer aquilo que ele precisa e não apenas o que ele quer. Essa regra não se aplica para portadores do espectro de autismo, deixá-lo com fome, não vai adiantar nada, mas a diante esse assunto será abordado.

Conhecendo novos Alimentos

Segunda Feira	Terça Feira	Quarta Feira	Quinta Feira	Sexta Feira
FRUTA NOVA DA SEMANA:				
VERDURA NOVA DA SEMANA:				

Lancheira Saudável

Certamente você já ouviu essa expressão: "comer com os olhos", nossa percepção e observação dos alimentos é importantíssima para abrir o apetite e nos dar mais vontade de consumir determinados alimentos, não é à toa que os publicitários investem tanto na imagem de um produto quando querem que o mesmo seja vendido.

Uma pesquisa da Universidade Stone Brook, de Nova York (2016) provou que a frase "Isso aqui está com uma cara tão boa que preciso provar" tem sentido fisiológico. Nosso córtex gustativo (parte do cérebro onde a informação do sabor é elaborada) pode ser ativado ao vermos o alimento, antes mesmo dele chegar a nossa boca.

Luciana Abreu Cruz é uma querida que tem investido seu tempo na ativação do córtex gustativo do seu filho Lorenzo. Conheci a Luciana através do instagram @lanchinhos_divertidos, me apaixonei pelo capricho e carinho que ela tem ao intervir na alimentação de seu filho.

A falta de tempo tem sido a frase que mais ouço dos pais quando o assunto é preparar algo para seus filhos. Conforme abordei anteriormente, você precisa estabelecer suas prioridades e se abrir para o novo, você certamente vai perceber que algumas coisas não levam tanto tempo assim, a sua criatividade pode fazer toda a diferença!

Segue alguns exemplos de lancheira saudável e divertida que a Luciana tem postado em seu Instagram, com o objetivo de incentivar você mãe e pai a oferecer algo diferente e divertido a seu filho.

Exemplos de combinações

Figura 1. Muffin Saudável + Espetinho de frutas + Milho cozido + Água

Figura 2. Crepioca com queijo coalho + 1 Tangerina + Àgua

Figura 3. Pipoca + Banana + Cookie caseiro + Água

Figura 4. Ovo de codorna + Kiwi + Pão Integral com patê de atum + cenoura baby e tomate cereja + Água

Figura 5. Pão integral com queijo e geleia + Maçã + Tomate cereja + Água

Figura 6. Pão integral com Requeijão + Uva + Milho + Água

Figura 7. Pão Integral com peito de peru e creme de ricota + Goiaba + queijo + cenoura baby e tomate cereja

Guia prático para leitura de rótulos

Por Porção:

Queijos e cremes de queijo - *Requeijão, queijo cotagem e cream chees*

Total Fat (Gorduras totais) = Maximo 6g

Zero lactose = 0g de carboidrato

Leite e Iogurtes

Total Fat (Gorduras totais) = Maximo 5g

Zero lactose = Lactose free (Lactase enzyme nos ingredientes)

Sugar (açúcar) = Maximo 14g

Included Sugar = Máximo 8g

Ingredientes – Evitar adoçantes artificiais como sucralose

e aspartame se o consumo desses for diário

Peixes e Crustáceos

Wild Cought = Pescado e não de cativeiro (farm)

Pães, wrap e cereais

Total Fat (Gorduras totais) = Maximo 3g

Sugar (açúcar) = Maximo 14g

Included Sugar = Máximo 8g

FIBRA = 1g de fibra para cada 10g de carboidrato (Ex. Se o pão tem 20g de carbs a fatia, devera ter no mõnimo 2g de fibra)

Ingredientes – Primeiro ingrediente NÃO DEVE ser farinha enriquecida ou farinha de trigo. Farinha integral permitido.

Crackers, barrinhas de cereal e Chips

Total Fat (Gorduras totais) = Maximo 7g

Sugar (açúcar) = Maximo 14g

Included Sugar = Máximo 8g

FIBRA = 1g de fibra para cada 10g de carboidrato

Ingredientes – Primeiro ingrediente NÃO DEVE ser farinha enriquecida ou farinha de trigo. Farinha integral permitido.

Arroz e Macarrão

FIBRA = 1g de fibra para cada 10g de carboidrato

** Tudo bem comer arroz branco desde que você adicione 1 colher de sopa de fibra em pó para cada xícara de arroz crú

Frango e carnes

Organico ou all natural

Leguminosas

Comprar leguminosa nova – máximo 8 meses após data de empacotamento para evitar gases – Deixar de molho 6-8h e trocar a água antes de cozinhar (feijões, ervilha seca, grão de bico e lentilha)

Receitas

Incentive seu filho a participar com você na elaboração de pratos especiais. Incluir a criança na cozinha trará muitos benefícios, dentre eles despertar do interesse de provar coisas novas e consequentemente o desenvolvimento de hábitos alimentares mais saudáveis e a associação da alimentação com um momento de prazer.

Tapioca Rosa

Ingredientes

2 1/2 xícaras polvilho doce.

1 beterraba.

2 xícaras água filtrada.

Queijo da sua preferência. (Usei o coalho).

Sal à gosto.

Modo de fazer

1. Descasque e corte a beterraba em pedaços. Bata no liquidificador com água até triturar bem. Passe o suco por uma peneira e pressione o bagaço com uma colher para extrair todo o líquido.

2. Coloque o polvilho numa tigela e cubra com o suco de beterraba coado. Misture com uma colher para dissolver o polvilho, cubra com filme e deixe de molho, na geladeira por cerca de 8 horas (se preferir, prepare da noite para o dia) - o polvilho vai absorver a maior parte do líquido e ficar com a aparência de gesso molhado.

3. Escorra o suco de beterraba que ficou na superfície - pode virar a tigela sem medo, a goma fica grudada no fundo da tigela. Coloque um pano de prato limpo sobre a goma e deixe por alguns minutinhos para absorver o excesso de umidade.

4. Com uma colher, quebre a massa em pedaços e passe por uma peneira - o resultado é uma farinha úmida, sedosa, que modela ao ser apertada. Se quiser, tempere com sal a gosto.

5. Para preparar as tapiocas, leve uma frigideira pequena antiaderente ao fogo médio. Abaixe o fogo e peneire uma porção da farinha até formar uma camada uniforme sobre o fundo da frigideira.

6. Deixe cozinhar por cerca de 30 segundos até começar a firmar. Polvilhe com o queijo ralado ou fatiado sobre a tapioca e deixe na frigideira por mais 1 minuto.

Nuggets

Ingredientes

½ Quilo de peito de frango

½ Xícara de amido de milho

1 Xícara de leite desnatado

1 pacote de Pão de forma integral

Modo de fazer

1. Triture o frango e tempere a gosto

2. Misture o amido de milho e o leite e reserve

3. Torre no forno o pão integral (ou use torrada integral)

4. Triture o pão torrado

5. Modele o nuggets

6. Passe na mistura do amido de milho

7. Passe no pão triturado

8. Coloque para assar!

Empadinha

Ingredientes

Massa

1 Xicara de farinha de amêndoa

1 Xícara de farinha de arroz Branca

3/4 de Xícara de creme de leite fresco (USA: Heavy Cream)

Obs: Colocar o creme de leite AOS POUCOS ATÉ DAR O PONTO NA MASSA (Pode ser que use menos ou mais)

Recheio

O ideal é que você faça um recheio com pouca gordura, já que tem gordura na massa). Minha sugestão é frango ou palmito!

Se fizer de frango, cozinhe em panela de pressão, desfie e tempere a gosto, misture creme de ricota para ficar mais suculento.

Modo de Fazer

1.   Misture todos os ingredientes até dar o ponto de desgrudar das mãos;

2.   Modele a massa na forminha untada e leve para assar por 10min no forno pré-aquecido a 350°F;

3.   Após os 10 minutos coloque o recheio, a tampinha de massa e pincele gema de ovo:

4.   Coloque no forno até que a superfície fique dourada

<u>Hambúrguer</u>

Ingredientes:

200 gramas carne moída

1 cenoura

1 cebola

1 fatia pão de forma integral

2 colheres (sopa) de salsinha

Sal (a gosto)

Modo de fazer:

Bata no processador a cenoura, a cebola e a salsinha, separadamente. Esfarele a fatia de pão e junte a carne. Misture todos os temperos. Faça bolinhas e amasse-as até conseguir a forma dos hambúrgueres ou pode usar os cortadores de cookies para modelar os hambúrgueres em formas divertidas . Leve para uma chapa bem quente e deixe dourar dos dois lados.

Ingredientes:

Para massa:

½ Xícara(s) de chá de farinha de arroz integral

1 colher de sopa de farinha de amêndoa

½ Xicara de chá de chá leite

1 ovo

1 pitada sal

Modo de fazer:

Bata todos os ingredientes da massa no liquidificador até formar uma massa homogênea. Aqueça uma frigideira pequena, unte com uma gota de azeite e espalhe com papel-toalha. Despeje um pouco da massa e espalhe uniformemente na frigideira. Espere um pouco e vire a massa. Assim que virar a massa acrescente a misturo do recheio e feche a massa ao meio. Doure a massa dos dois lados, e sirva.

Recheios

Pode fazer salgado (carne moída com legumes, frango desfiado com cenoura) ou doce (Frutas, pasta de amendoim, geleia)

Se quiser colorir a massa:

Use um pedaço de cenoura (que vai dar uma coloração laranja) ou beterraba (rosa), ou algumas folhas de espinafre (verde), ou ainda um punhado de ervas variadas (verde), e bata junto à massa.

Cookie de leite em pó - 4 ingredientes

Ingredientes

1ovo

1/2 Xícara de leite em pó

1/2 colher de sopa de fermento em pó

1/2 Xícara de chocolate meio amargo

 (Sem fermento fica maravilhoso)

** Diabéticos fazer com chocolate meio amargo DIET, adicionar na massa 1 colher de sopa de cacau em pó (para aumentar fibra) + Fibra em pó (média de 1 colher - talvez precise colocar mais uma clara de ovo)

Modo de fazer:

1. Misture todos os ingredientes (primeiro o leite em pó com o ovo até virar uma pasta;

2. Depois adicione o fermento (opcional) e o chocolate em pedaços ou em gotas

3. Modele bolinhas com as mãos molhadas;

4. Coloque para assar em forno pré-aquecido a 280°F

ATENÇÃO! Fique atento, dependendo do forno, assa em apenas 5 minutos!

Ingredientes

1 Xícara de farinha de aveia

1 Xícara de farinha de amêndoa

1 Xícara de leite em pó desnatado

1/2 Xícara de leite desnatado quente

1/2 Xícara de chocolate meio amargo derretido em banho

maria

1 colher de sopa de mel ou agave

1 colher de sopa de adoçante natural

1/2 colher de sopa de fermento em pó - Gotinhas de

chocolate meio amargo para decorar

Modo de fazer

Misturar o chocolate derretido com o leite quente e

adicionar os demais ingredientes, modelar os cookies

(com as mãos molhadas, pois a massa fica mais mole) e

colocar para assar em forno pré-aquecido a 180°C (Média 30min - Dependerá do forno)

<u>Muffin de chocolate</u>

Ingredientes

1 colher de sopa de amido de milho

1 colher de sopa de cacau em pó 70%

1 colher de sopa de mel

2 colheres de sopa de açúcar de maçã ou mascavo

2 colheres de sopa de farinha de amêndoa

1 colher de sopa de mistura pronta para panqueca integral)

1 colher de chá de fermento em pó

1 clara de ovo

2 colheres de sopa de água ou leite (ou o quanto baste para dar o ponto) - Gotinhas de chocolates

Modo de fazer

Misture todos os ingredientes, coloque para assar e se quiser coloque em média 5 gotinhas de chocolate meio amargo em cada muffin (Rende 7 mini Muffins)

Ingredientes

1 colher de chá de fermento biológico seco

1/2 Xícara de farinha de trigo integral

1/2 Xícara de farinha de amêndoa

1/2 Xícara de água morna

1/2 chá de sal

1/2 colher de sopa de Manteiga

1 pitada de bicabornato de sódio

Modo de fazer

1. Misturar o fermento com a água morna e reservar (por 5min)

2. Misturar os demais ingredientes

3. Agregar à mistura do fermento e misturar bem com as mãos

4. Sovar a massa por uns 3min

5. Deixar descansar por 10min

6. Abrir a massa e modelar (DEIXAR BEM FININHA - Qto mais fina, mais crocante fica)

7. Colocar na forma untada e furar com um garfo (para que fiquem crocantes)

8. Colocar para assar em forno pré-aquecido 200°C até que dourem

9. Deixe esfriar em uma grade, para que seque, depois guarde em um recipiente com tampa

Ingredientes

5 colheres de sopa de amido de milho

1 clara (ovo grande ou 2 claras pequenas)

1 1/2 colheres de sopa de manteiga

1 colher de sopa de adoçante (coloquei misturinha)

2 colheres de leite em pó

1 colher de sopa de linhaça triturada

2 colheres de sopa de farinha de amêndoa

Modo de fazer

1. Misture todos os ingredientes com as mãos

2. Modele os sequilhos

3. Coloque para assar a 200°C 5min - cuidado para não queimar, assa muito rápido

<u>Salsicha Caseira</u>

Ingredientes

150g de carne moída

100g de bacon sem nitrato

300g de peito de frango

1 cenoura média

2 1/2 colheres de sopa de páprica

1 colher de chá de cúrcuma

2 colheres de sopa de aveia hidratada em 5 colheres de sopa de água

1/4 de pimentão vermelho

1 rodela media de beterraba

1 dente de alho!

Sal a gosto (média 1/2 colher de sopa)

Rende em média 15 salsichas

Modo de fazer

Etapa 1 .

1. Liquidifique todos os ingredientes, EXCETO a carne moída, bacon e frango!

2. Triture no processador a carne, o frango e o bacon sem nitrato no processador e acrescente aos poucos os ingredientes liquidificados, até formar uma pasta homogênea!

Etapa 2.

Com o auxílio de um funil, coloque a pasta dentro de saquinhos de sorvete e amarre a ponta, ou modele a salsinha no filme de plástico (conforme vídeo) .... leve ao fogo para cozinhar em água fervente, até que as salsichas fiquem "durinhas"

Após cozidas, basta tirar o plástico e congelar se quiser ou aferventar ela no molho de tomate caseiro

Nos EUA é fácil achar bacon de peru sem nitrato, no Brasil, você pode procurar por bacon artesanal, muitos fazendeiros produzem e vendem... procure online!

Intervenção intervenção no tratamento da TEA (Transtorno do Espectro Autista)

É de extrema importância a inssistência na adaptação alimentar de portadores do espectro, pois dentre os problemas mais frequentemente identificados estão patologias gastrointestinais, alteração de permeabilidade associada a depleção do sistema imune e carências vitamínicas.

Sugiro que converse com seu nutricionista, para que seja feito o adequamento dos suplementos diários necessários, como probiótico e vitamina D por exemplo.

O objetivo da dieta balanceada é controlar inflamação do intestino, evitar deficiência de nutrientes e aumento de fungos . Embora o autista normalmente não seja celíaco, recomenda-se evitar o excesso de glúten devido a condição intestinal, açúcar refinado e doces industrializados, corantes, refrigerantes e sucos industrializados e Caseína em excesso (proteína do leite)

O autista normalmente possui peculiaridade alimentar em relação a textura do alimento, cor, cheiro, sabor, temperatura, formato etc. É importante você pai e mãe observar as peculiaridades para que as adaptações sejam feitas de acordo, para que aumentemos as chances de sucesso na introdução.

Seguem algumas dicas de acordo algumas peculiaridades mais comuns encontradas nos autistas:

Formato e Textura

Normalmente, formato de palito e coisas mais crocantes costumam ser mais atrativas. Você pode comprar aparelhos que te auxiliem. Ao invés de comprar a batata congelada que vem cheia de gordura vegetal, faça você mesmo a batata orgânica com casca, legumes. Você pode fazer no air fryer, impanar se quiser (Ver receita de nuggts a mistura para empanar).

Panquecas, waffles, pães de queijo, bolos e tortas tambem podem ser feitos em formato de palitinhos ou de algum personagem específico, já que alguns possuem fixação por algum universo, seja dos dinossauros, peixes, caminhões etc...

No caso de frutas, você pode oferecer frutas liofilizadas (Freeze-dried), que são crocantes e possuem 100% da propriedade nutricional da fruta in natura.

A criatividade também pode ser uma boa aliada!

Tenho Certeza que seu filho é o seu bem mais preciso. De nada adianta bens materiais, toda educação que você está dando se faltar saúde. Eles crescem rápido, o tempo que você destinar a eles agora, fará dele um adulto saudável, protegido contra tantas doenças cada vez mais comuns nos dias de hoje. Seja um exemplo, mude sua casa, mude seus hábitos e reeduque seus filhos.

Referências Bibliográficas

Birch LL. Children's preferences for high-fat foods. Nutr Rev. 1992; 50(9):249-55

Birch LL, Marlin DW. I don't like it; I never tried it: effects of exposure on two-year-old children's food preference. Appetite. 1982; 3(4):353-60

Coon KA, Goldberg J, Rogers BL, Tucker KL. Relationships between use of television during meals and children's food consumption patterns. Pediatrics. 2001; 107(1):E7.

CRUZ, Elaine. A Difícil Arte de Criar Filhos. Rio de Janeiro: Betel, 1997

ESTER, Maria. Educação de Crianças e Adolescente: Como Estabelecer Limites. Portal Educacional. Disponível em: HTTP://www.redepsi.com.br/portal/madules/soapbox/artecleIB=357. Acessado em: 2 Março 2019

Koplan JP, Liverman CT, KraaK VI. Preventing childhood obesity: health in the balance. Washington: National Academy of Sciences; 2005

Stony Brook, NY, August 31, 2016. Scientific Evidence Reveals that the Brain Perceives Taste with All Senses. Disponivel em: https://news.stonybrook.edu/news/general/2016-08-31-scientific-evidence-reveals-that-the-brain-perceives-taste-with-all-senses Acessado em 12 de janeiro de 2020.

Taras H, Gage M. Advertised foods on children's television. Arch Pediatr Adolesc Méd. 1995; 149(6): 649-52.